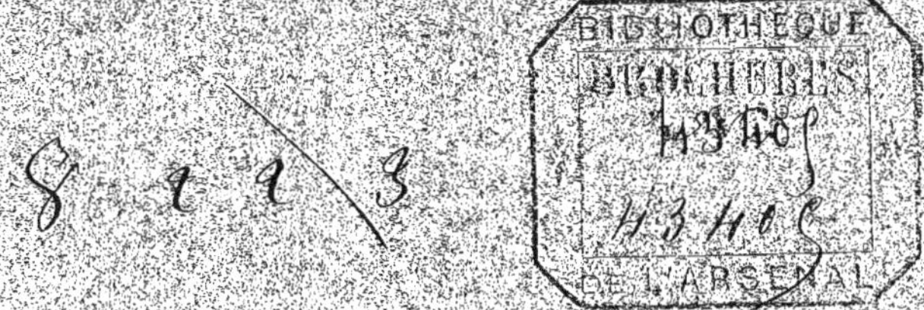

RAPPORT DES ADMINISTRATEURS

A L'ASSEMBLÉE GÉNÉRALE EXTRAORDINAIRE

DES ACTIONNAIRES DE

LA COMPAGNIE DE SOUFRE ET DE CUIVRE

DE

THARSIS

LIMITÉE,

QUI DOIT SE TENIR

AU MERCHANT'S HALL,

1 WEST GEORGE STREET, GLASGOW, 1,

le Mercredi 9 Novembre 1881,

à une heure de l'après-midi.

RAPPORT DES ADMINISTRATEURS

A L'ASSEMBLÉE GÉNÉRALE EXTRAORDINAIRE

DES ACTIONNAIRES DE

LA COMPAGNIE DE SOUFRE ET DE CUIVRE

DE

THARSIS

LIMITÉE,

QUI DOIT SE TENIR

AU MERCHANT'S HALL,

1 WEST GEORGE STREET, GLASGOW, 1,

le Mercredi 9 Novembre 1881,

à une heure de l'après-midi.

[illegible]

[illegible]

[illegible]

[illegible]

[illegible]

[illegible]

[illegible]

[illegible]

[illegible]

RAPPORT DES ADMINISTRATEURS

A l'Assemblée générale ordinaire annuelle de la Compagnie, tenue le 22 juin dernier, le discours du président aux actionnaires contenait les observations suivantes :

« Maintenant je désire faire allusion à deux points im-
« portants qui ne sont pas mentionnés dans le Rapport des
« administrateurs. Comme vous savez, un grand nombre
« d'actions sont actuellement placées en France, et nos
« amis français trouvent notre système de transfert diffi-
« cile et incommode, et un obstacle sérieux à la négociation
« de nos actions. On a donc proposé que nous laissions à
« nos actionnaires l'option de rendre leurs actions paya-
« bles « au porteur » et de cette façon éviter la néces-
« sité d'enregistrement. »

« La Compagnie « *Rio Tinto* » et la Compagnie limi-
« ted « *Mason et Barry* » ont adopté cette faculté d'option,
« et comme elle sera très agréable à nos amis français, et
« qu'elle ne peut porter préjudice d'aucune manière à
« la situation de la Compagnie, votre Conseil est d'avis
« que nous devrions suivre leur exemple. »

« L'autre point sur lequel je voudrais appeler votre
« attention se rapporte à la situation faite aux actions
« de £ 7 payées. Les détenteurs de ces actions n'ont pas
« été satisfaits, parce qu'ils n'ont pas été appelés à fournir
« le capital récemment nécessaire à la Compagnie, que le
« Conseil a décidé de créér par obligations. En prenant
« cette mesure, le Conseil n'avait d'autre intérêt en vue

« que celui de tous les actionnaires. Nous sommes dis-
« posés cependant à croire qu'un remaniement des titres
« de la Compagnie pourrait être fait à présent d'une ma-
« nière avantageuse, qui permettrait de donner satisfaction
« aux détenteurs d'actions de £ 7. et ce qui contribuerait
« en même temps à la prospérité de la Compagnie.

« Le nouvel arrangement que nous proposons entraî-
« nera l'appel de £ 1 sur les actions de £ 7 et leur conso-
« lidation en actions définitives. Il nécessitera aussi l'aug-
« mentation du capital total autorisé de la Compagnie
« de £ 1,236,660 à £ 1,250,000 — ce qui ferait une aug-
« mentation de £ 13,340, — par la création d'un certain
« nombre d'actions nouvelles qui ne seraient pas remises
« aux actionnaires, mais qui seraient conservées par la
« Compagnie et vendues dans le but de rembourser les
« obligations. Les premières de ces obligations sont paya-
« bles en 1883 et les dernières en 1886. Notre désir est de
« nous débarrasser de ces obligations privilégiées, car
« telle est leur nature, et de laisser aux actionnaires tous
« les bénéfices de la Compagnie. Tel est le but que nous
« désirons atteindre et notre projet nous en donnera les
« moyens. La faculté de réduire nos actions de £ 10 à un
« plus bas chiffre, afin de les mettre à la portée des petits
« capitalistes, occupe aussi notre attention. Les détails
« vous seront soumis dans un Rapport spécial, et nous
« pensons que vous y trouverez une solution acceptable
« au sujet des actions de £ 7, en même temps qu'une
« proposition avantageuse aux intérêts généraux de la
« Compagnie. »

Depuis l'Assemblée annuelle, les diverses affaires
auxquelles votre président a fait allusion, ont eu les meil-
leurs soins de vos administrateurs, et ils sont d'avis que
les arrangements financiers, énoncés par le président, et
qui vont être maintenant soumis à l'acceptation et à l'approbation des actionnaires, seront très avantageux à la
Compagnie.

Vos administrateurs ont été bien aises de recevoir des
nombreuses assurances des actionnaires que le projet

d'appeler £ 1 sur les actions de £ 7 et de les changer ensuite contre des actions entièrement libérées, a été généralement approuvé et sera considéré comme une combinaison équitable.

La proposition de donner aux actionnaires la faculté de faire convertir leurs actions en « certificats spéciaux au porteur » a aussi donné satisfaction à beaucoup de personnes, plus spécialement à la masse déjà nombreuse et influente des actionnaires en France.

Sur ces deux questions, et pour la prospérité future de la Compagnie, vos administrateurs sont actuellement disposés à demander votre coopération au remaniement de la constitution de la Compagnie, afin de compléter les combinaisons nécessaires avec toute la célerité possible.

Quant au projet de diviser les actions en une valeur moindre que £ 10, vos administrateurs ne sont pas prêts, quant à présent, à recommander l'adoption de cette mesure. Ils proposent, cependant, de placer la Compagnie sous les clauses de l'acte de 1867, par lesquelles ce pouvoir est conféré aux Compagnies qui désirent l'exercer, de sorte que, si la majorité en nombre et valeur des actionnaires est de cet avis, le Conseil se trouvera autorisé à faire droit à leurs désirs.

Avant de soumettre ces projets aux actionnaires, vos administrateurs ont jugé prudent de consulter des avocats sur leur ensemble ; et les résolutions spéciales qu'on va vous prier d'approuver et de ratifier ont été préparées sous leur direction.

Les premières résolutions ont pour objet de donner faculté à la Compagnie de réduire et de diviser son capital, ces clauses ayant été ajoutées à « *The Companies Act* » subséquemment à la formation et à l'enregistrement de la « Tharsis Company » en 1866, et sa constitution actuelle n'ayant pas ces privilèges. Les avocats qui ont été consultés sont d'avis que le changement des actions de £ 8 versées en actions de £ 10 entièrement libérées est une réduction momentanée du capital, et ils demandent que notre manière d'agir soit conforme à celle indiquée par les résolutions.

La deuxième série de résolutions comprend les combinaisons ci-dessus mentionnées, ainsi qu'une augmentation du capital jusqu'à concurrence de £ 1,250,000, et la forme dans laquelle cette augmentation doit être faite ainsi que la disposition du produit, ensemble avec les additions et les changements à apporter aux statuts qui, d'après l'avis de votre conseil d'administration, sont nécessaires pour la marche efficace des affaires de la Compagnie.

On verra que l'appel de £ 1 sur les 31,000 actions existantes fournira £ 31,100 de nouveau capital. Le prix au pair ou la valeur des 8,224 actions laissées à la disposition des administrateurs par suite des résolutions qui vont vous être soumises, fournira une augmentation de £ 82,240. Ces deux sommes ajouteront £ 113,340 au capital actuellement versé, s'élevant à £ 1,136,660, et formeront un montant total de £ 1,250,000. Nous proposons que ces 8.224 actions soient émises et vendues au meilleur prix, quand l'occasion se présentera, au lieu de les offrir « *au prorata* » aux actionnaires. De cette manière tout actionnaire aura sa part égale dans les bénéfices résultant de l'opération.

Si nous supposons qu'une moyenne de £ 40 par action sera réalisée pour ces actions (et la moyenne depuis quelque temps a été au-dessus de £ 42), la prime ainsi gagnée s'élevera à £ 246,720.

Cette somme, avec les £ 113,340 du capital augmenté, fournira un total de £ 360,060. La dette obligatoire actuelle de la Compagnie est de £ 355,600. Nous avons l'intention d'appliquer les fonds produits par ce capital et cette prime au paiement des obligations au fur et à mesure de leurs échéances. Nous aurons alors un capital versé de £ 1,250,000, la dette obligatoire de £ 355,600 sera soldée, et en plus du fonds d'amortissement du chemin de fer et du fonds de réserve, s'élevant ensemble à £ 170,124, nous aurons la susdite prime de £ 246,720 à ajouter au fonds de réserve ou à employer à d'autres destinations, suivant l'avis des administrateurs, au mieux des intérêts de la Compagnie.

Pour mener à fin ces combinaisons importantes, il sera nécessaire de convoquer les actionnaires à trois assemblées générales spéciales; nos statuts nous y obligent.

Avant de terminer, vos administrateurs mentionnent un autre changement qu'ils se proposent de vous soumettre, c'est de revenir au 31 décembre comme époque de la balance annuelle des comptes de la Compagnie. On a trouvé que le 28 février est beaucoup moins commode, et qu'il entraîne en outre des frais additionnels, à cause du chômage aux usines de ce pays et en Espagne à cette époque de l'année.

La présente année financière se terminera donc le 31 décembre prochain, et le dividende étant payable en mai, comme précédemment, les nouvelles combinaisons commenceront à avoir leur effet l'année prochaine, aussitôt que les formalités légales nécessaires le permettront.

Par ordre des Administrateurs :

Charles TENNANT,
Président.

Avis est donné par les présentes qu'une assemblée générale extraordinaire des actionnaires de la Compagnie de soufre et de cuivre de la Tharsis, limitée, se tiendra au Merchant's Hall, n° 1, West George Street, Glasgow, mercredi, le neuf novembre mil huit cent quatre-vingt-un, à une heure de l'après-midi, dans le but d'examiner, et, si elles sont approuvées, d'adopter les résolutions spéciales suivantes qu'on a l'intention de proposer à l'Assemblée, savoir :

1° La Compagnie, par résolution spéciale, peut modifier à sa convenance les conditions contenues dans les Statuts afin de réduire son capital à tel montant et de telle manière qui puisse être alors déterminée par ladite résolution.

2° La Compagnie, par résolution spéciale, peut modifier à sa convenance les conditions contenues dans les Statuts afin de subdiviser ses actions, ou partie d'elles, en actions de moindre valeur que celle fixée par les Statuts.

Par ordre des Administrateurs :

JONATHAN THOMSON,
Secrétaire.

Les résolutions spéciales qui suivent seront soumises à l'approbation des actionnaires, à une Assemblée extraordinaire qui se tiendra le jeudi 24 novembre prochain :

Résolutions spéciales

Que les conditions contenues dans les statuts soient modifiées, et que les règlements y contenus soient changés de la manière suivante :

1re. Que le capital de la Compagnie soit réduit de £ 1,236,660 divisées en 123,666 actions de £ 10 chacune (sur lesquelles 91,596 actions sont entièrement libérées, 31,100 libérées de £ 7 seulement, et 670 restent à la souche) à £ 1,174,460, divisées en 117,446 actions de £ 10 chacune, et que cette diminution soit effectuée par la réduction de la responsabilité sur chacune desdites 31,100 actions, après que £ 1 aura été appelée et payée sur lesdites, jusqu'à concurrence de £ 2 par action, et par l'échange de quatre actions libérées de £ 10 chacune pour cinq actions libérées de 8 livres, desdites 31,100 actions ;

2e Que toute fraction d'actions résultant de la réduction et de l'échange, décidés par la résolution précédente, soit achetée ou vendue par la Compagnie au prix courant ou à tel prix raisonnable que les administrateurs pourront fixer, afin de faciliter leur conversion en actions entièrement libérées de £ 10 chacune. Qu'aucune desdites fractions ne donnera droit aux détenteurs pour toucher aucun dividende, ni pour exercer aucun des droits appartenant aux actions entièrement libérées et que les fractions restées impayées à l'expiration d'une année après la date de ladite résolution spéciale seront acquises à la Compagnie ; et, une fois acquises de cette manière, elles seront considérées comme appartenant à la Compagnie qui pourra en disposer de la manière qu'elle le décidera en Assemblée générale ;

3° Qu'après que le capital de la Compagnie aura été diminué en vertu de la susdite 1ʳᵉ résolution, il sera augmenté à £ 1,250,000, divisé en 125,000 actions de £ 10 chacune, par la création de 7,554 actions nouvelles et que lesdites actions, en comprenant les 670 actions jusqu'ici non émises, formant ensemble 8,224 actions de £ 10 chacune, seront vendues à telles personnes et à telles conditions que les administrateurs considèreront les meilleures dans l'intérêt de la Compagnie ;

4° Que les fonds à réaliser de l'appel sur les 31,100 actions et de l'émission des 8,224 actions, seront, en ce qui concerne le capital et la prime, appliqués au payement des Obligations de la Compagnie, et que tout le bénéfice en faveur de la Compagnie servira à l'augmentation du fonds de réserve, ou autrement, suivant que les administrateurs le jugeront le plus convenable ;

5° Que les articles 3, 11, 12, 45, 48, 75, 76 et 85 des Statuts actuels, rappelés par les présentes, soient annulés et que les articles suivants soient, et par les présentes, ajoutés aux Statuts, savoir :

Actions.

1° Chaque actionnaire, moyennant paiement de telle somme que les administrateurs pourront déterminer, aura droit à un certificat revêtu du sceau officiel de la Compagnie, constatant l'action, ou les actions, à lui appartenant, et le montant payé ; et si ledit certificat s'use ou se perd, il pourra être renouvelé, si ce fait est prouvé à la satisfaction des administrateurs et en payant l'indemnité qu'ils jugeront suffisante. Mais les administrateurs peuvent refuser de donner tel renouvellement ou duplicata d'un certificat d'action qui peut être usé ou perdu, lorsque bon leur semblera, sans qu'ils soient obligés de donner les motifs de leur refus.

Transfert d'actions.

2° En aucun cas, la Compagnie ne sera obligée de prendre note, ni de se considérer comme affectée d'aucune manière par l'avertissement, en vertu duquel un transfert quelconque d'une action ou des actions de la Compagnie sera fait, ni par tout autre charge ni revendication équitable ou de reversion, contingence, ou intérêt partiel, affectant directement ou indirectement des actions de la Compagnie. Et la personne sous le nom de laquelle ces actions sont actuellement inscrites sur le registre des actionnaires (soumis aux règlements concernant la transmission d'actions), sera la seule personne connue et admise par la Compagnie comme y ayant intérêt, et ses reçus, pour tout dividende ou autres sommes d'argent revenant à ces actions, seront seuls considérés comme quittances effectives pour lesdites sommes.

3° Les registres de transferts de la Compagnie seront clos chaque année pendant les dix jours précédant immédiatement l'Assemblée générale ordinaire.

Assemblées générales.

4° Les Assemblées générales annuelles de la Compagnie seront tenues désormais pendant le mois d'avril, et la balance des comptes de la Compagnie, qui doit être faite pour le 1er mars 1882, sera dressée au 31 décembre prochain et continuera à être dressée au 31 décembre de chaque année qui suivra.

Certificat spécial d'actions.

5° Sur la demande par écrit authentique, dans la forme qui sera décidée par le Conseil, faite par tout actionnaire de la Compagnie possesseur d'une action ou de plusieurs actions entièrement libérées, les administrateurs peuvent remettre audit actionnaire un certificat spécial d'action ou d'actions, avec le sceau officiel de la Compagnie, constatant que le porteur dudit a droit à l'action ou aux actions y dénommées, et ils peuvent pourvoir par moyen des coupons ou autrement aux paiements des dividendes à venir, en vertu de cette action ou de ces actions.

6° Les administrateurs auront, pour refuser un certificat spécial d'action dans les cas individuels quelconques le même droit qu'ils ont pour refuser la délivrance d'un duplicata ou renouvellement d'un certificat d'action qui a été perdu.

7° Tout actionnaire, faisant une demande pour avoir des certificats spéciaux d'actions, paiera à la Compagnie, à l'époque de cette demande, le droit de timbre imposé par la loi sur les certificats spéciaux, ainsi que tout honoraire pour la délivrance du certificat spécial ou l'annulation desdits, suivant le cas, comme le prescrira le Conseil.

8° Un certificat spécial donnera droit au porteur dudit aux actions y mentionnées, et lesdites actions pourront être valablement transférées par la délivrance de ce certificat spécial.

9° Le porteur d'un certificat spécial aura droit, sur sa demande par écrit authentique, dans la forme décidée par le Conseil et assujettie aux conditions qu'ils peuvent imposer, et sur l'abandon dudit certificat spécial en vue de son annulation, de faire inscrire son nom comme membre de la Compagnie sur les registres des actionnaires, en vertu des actions dénommées par ledit certificat spécial.

10° Sur l'émission d'un certificat spécial, les administrateurs feront rayer des registres des actionnaires de la Compagnie le nom du membre alors porté sur ces registres comme détenteur des actions en vertu desquelles ledit certificat est émis, comme s'il avait cessé d'être actionnaire. Ils feront inscrire sur les registres le fait de l'émission du certificat, les numéros d'ordre et les détails des actions mentionnées dans ledit certificat, la date de l'émission, et au moment de l'abandon dudit certificat, la date dudit abandon.

11° Le porteur d'un certificat spécial n'aura pas qualité pour être administrateur de la Compagnie, en vertu des actions dénommées par ce certificat.

12° Le porteur d'un certificat spécial n'aura pas le droit d'assister, ni de voter, ni d'exercer les droits d'un actionnaire à aucune assemblée générale de la Compagnie, en vertu des actions dénommées par ledit certificat spécial, excepté dans le cas où il aura déposé ledit certificat au siège social de la Compagnie, et ce, avec un écrit constatant son nom et son adresse, trois jours avant la date fixée pour l'assemblée et à condition que ledit certificat restera ainsi déposé jusqu'après l'assemblée générale. Il sera délivré au porteur d'un tel certificat spécial, ainsi déposé, un certificat constatant son nom, son adresse et le nombre des actions comprises dans le certificat spécial, lequel certificat lui donnera droit d'assister et de voter à l'assemblée générale, de même manière et comme s'il était actionnaire enregistré, en vertu des actions dénommées par ledit certificat. Ledit certificat spécial, préalablement déposé, sera remis au porteur après l'Assemblée générale contre le certificat susdit.

13° Lorsqu'un dividende quelconque sera déclaré payable sur les actions dénommées par un certificat spécial, le Conseil publiera une annonce constatant le montant par action ou le pour cent à payer, la date, le lieu ou les lieux de payement, et là-dessus, toute personne qui présentera ou qui remettra un coupon aux lieux indiqués, soit sur le coupon, soit dans ladite annonce, aura droit de toucher le dividende payable sur toutes les actions dénommées dans le certificat spécial auquel ledit coupon appartiendra, conformément à l'avis qui aura été donné par l'annonce et après l'expiration de tel nombre de jours (pas plus de cinq) que le Conseil décidera.

14° La Compagnie, nonobstant tout avis ou connaissance qu'elle puisse recevoir ou avoir, ne sera pas liée ni tenue de reconnaître aucun droit légal ou équitable, titre ou intérêt quelconque à, ou en vertu des actions représentées par un certificat spécial, excepté les droits suivants :

A. — Un droit absolu pour le porteur actuel du certificat spécial et des coupons non annoncés, aux actions comprises dans ledit certificat spécial et tous bénéfices dudit, autres que les dividendes qui auront été déclarés, comme il est dit ci-dessus, payables sur lesdites actions. Ce droit néanmoins cessera absolument si ledit porteur, d'une manière quelconque, perd ou se dessaisit dudit certificat spécial et des coupons non annoncés ou partie d'eux ou si les mêmes ou partie des mêmes sont détruits.

B. — Un droit absolu pour le porteur actuel de tout coupon ainsi annoncé pour le payement, comme il est dit ci-dessus, au montant du dividende sur ce certificat spécial dont ledit coupon fera partie, qui aura été déjà déclaré payable sur présentation et remise dudit coupon. Ce droit, cependant, cessera absolument si ledit porteur a perdu ou s'est dessaisi d'une manière quelconque dudit coupon, ou si ledit coupon a été détruit de quelque manière que ce soit.

Vote des Membres.

15° Chaque membre et chaque porteur d'un certificat spécial ne possédant que cinq actions n'aura qu'un vote en vertu desdites actions, et un vote en plus pour chaque action en sus des cinq par lui possédées. Mais aucun membre n'aura le droit de voter à une Assemblée générale si les appels dûs par lui n'ont pas été versés.

16° Quant aux règlements, à l'exécution et au dépôt des procurations, avant les Assemblées de la Compagnie, dont provision est faite par les statuts, ils seront et, par les présentes, sont applicables aux porteurs de certificats spéciaux.

Dividendes.

17° Les administrateurs pourront, aussi souvent que bon leur semblera, déclarer un dividende intérimaire sur les bénéfices de la Compagnie et ils en paieront le montant aux membres et aux porteurs de certificats spéciaux proportionnellement au montant versé sur l'action ou les actions possédées par eux, sans qu'il y ait nécessité de convoquer une Assemblée générale pour obtenir l'autorisation de la Compagnie.

18° Aucun dividende ne sera payable qu'en proportion du nombre des actions ainsi possédées et du montant versé sur lesdites et qu'avec les fonds résultant des bénéfices provenant des affaires de la Compagnie.

Avis.

19° Tout avis, même envoyé par la poste à l'adresse inscrite sur les registres de la Compagnie, sera considéré comme ayant été notifié à l'époque où la lettre contenant ledit avis a été mise à la poste, et comme preuve de cette notification, il suffira de prouver que la lettre contenant ledit avis a été dûment adressée et mise à la poste.

20° Tout membre demeurant en dehors du Royaume-Uni peut donner une adresse dans le Royaume-Uni où les avis peuvent lui être adressés.

21° Un membre sera considéré comme obligé par tout avis dûment notifié au porteur précédent de son action ou actions, avant que son nom et son adresse aient été inscrits sur les registres des actionnaires.

22° Tout avis notifié à un détenteur de Certificats spéciaux au porteur sera considéré comme lui ayant été notifié le jour ou les jours où un avertissement, concernant ses titres, aura été publié une fois dans les journaux dits le " *Glasgow Herald* ", l' " *Edimburgh Scotsman* ", le " *London Times* ", et le " *Journal officiel* ".

PARIS. — IMPRIMERIE P. MOUILLOT, 13, QUAI VOLTAIRE. — 24456.